Silvia C. Hofmann

Pferde richtig füttern

Pferde richtig füttern

Silvia C. Hofmann

blv

BLV Freizeit REITEN

Inhalt

Zum Thema

Der Pferdebesitzer steht heute vor einer unüberschaubaren Menge an verschiedensten Futtermittelmischungen und unterschiedlichsten Kräuter-, Mineral- und Vitaminzusätzen. Angesichts dieser Vielfalt drängt sich die Frage auf:
Wie sieht die artgerechte Ernährung eines Freizeitpferdes wirklich aus?

Praxis-Wissen

Naturgerechte Ernährung

Wildpferde ernähren sich hauptsächlich von Gras, Grassamen, Zweigen, Baum- und Strauchrinde, Blättern, Laub, Schilf und Sumpfpflanzen. Diese Nahrungsmittel enthalten wenig Nährstoffe, doch reichlich Rohfaser. Da das Futter langsam aufgenommen wird, kann es von den Backenzähnen ausreichend zerkleinert und dabei genügend eingespeichelt werden.

Nahrung für domestizierte Pferde

Will man dem domestizierten Pferd ein natürliches Futter anbieten, so sollte es möglichst abwechslungsreich ausfallen. Als Raufutter bieten sich Stroh und Heu an, Letzteres sollte nicht mehr als zwei Jahre alt sein. Geben Sie als Kraftfutter nicht ausschließlich Hafer, sondern möglichst ein Mischfutter, das Sie natürlich auch selbst zusammenstellen können.

Pferde beißen das Gras knapp über der Grasnarbe ab.

Es stehen uns eine Vielzahl von Futtermitteln zur Verfügung.

So oft wie möglich füttern

Man sollte ein Pferd möglichst oft füttern – dies kommt seinem natürlichen Bedürfnis entgegen. Raufutter sollte ganztägig zur Verfügung stehen, Kraftfutter legen Sie mindestens zwei-, besser dreimal oder noch öfter vor. Legen Sie zusätzlich Zweige und Äste in den Auslauf, dann können die Pferde die Rinde abnagen und nehmen dabei noch eine Menge wertvoller Mineralstoffe auf. Dünne Äste, zum Beispiel frische Weidenäste, werden oft fast ganz gefressen. Pferde nehmen ihr Futter mit Lippen, Schneidezähnen und Zunge auf. Die großen Backenzähne fordern ein Kautätigkeit von 60 bis 80 Kaubewegungen in der Minute. Durch die intensiven Kaubewegungen wird auch die Speichelproduktion angeregt, was die Verdauung günstig beeinflusst. Bei der Aufnahme von Raufutter wird ungefähr doppelt so viel Speichel gebildet wie bei Krippenfutter. Geben Sie also den Futtermitteln Vorzug, die eine lange Futteraufnahme und eine hohe Anzahl an Kauschlägen erfordern.

Hygiene der Futtermittel

Neben der bedarfsgerechten Versorgung mit Energie und Nährstoffen, spielt bei der Zusammenstellung des Futters auch die Verträglichkeit von Futtermitteln und Rationen eine Rolle. Die Verträglichkeit hängt mit von der hygienischen Qualität der Futtermittel ab. Tragende Stuten und Fohlen sind hier besonders empfindlich.

Beachte:

Scheuen Sie sich nicht, eine Probe des Futters untersuchen zu lassen, wenn Sie den Verdacht haben, dass es verdorben sein könnte.

Schmutz, Vorratsschädlinge, Pilze, Bakterien

Das Futter kann durch Schmutz, Vorratsschädlinge, Pilze oder Bakterien verunreinigt sein. Gefährlich sind vor allem Pilze und Bakterien. Diese Mikroorganismen können giftige Substanzen, so genannte Toxine, bilden, die die Gesundheit der Pferde gefährden.

Mit Augen und Nase prüfen

Unterziehen Sie das Futter deshalb vor der Verfütterung in jedem Fall einer intensiven Prüfung. Riechen Sie daran: Ein dumpf-muffiger Geruch lässt auf einen mangelnden Gehalt an Trockensubstanz schließen. Schauen Sie es genau an: Eine schmutzig wirkende farbliche Veränderung auf der Oberfläche der Futterpartikel deutet darauf hin, dass das Futter nicht mehr in Ordnung ist, eventuell handelt es sich um einen Besatz mit Vorratsschädlingen, beispielsweise mit Milben.

Risiken für das Pferd

Werden Futtermittel mit Mängeln im Hygienestatus verwendet, so resultieren daraus unterschiedliche Risiken. Das Pferd kann mit unerwünschten Mikroorganismen, wie beispielsweise Salmonellen, infiziert werden. Gesunde

Pferde reagieren jedoch im Allgemeinen nicht allzu heftig auf die Aufnahme von Toxinen über das Futter. Ist die Darmflora intakt, funktioniert sie sozusagen als Schranke für diese Gifte. Zu stärkeren Reaktionen kann es dagegen kommen, wenn die Toxine eingeatmet werden. Pferde, die Toxine eingeatmet haben, leiden im erwachsenen Alter oftmals unter schweren allergieähnlichen Reaktionen.

Ursachen für verunreinigte Futtermittel

Die Möglichkeiten für die Entwicklung von Mängeln bei Futtermitteln sind vielfältig. Wird das Getreide vor dem Dreschen beispielsweise durch schwere Regenfälle niedergedrückt (man spricht in diesem Fällen von Lagergetreide), kann es sowohl beim Korn als auch beim Stroh zu Mängeln kommen. Beim Heu können durch unerwünschte Beimengungen während der Ernte Qualitätsverluste entstehen.

Für die Konservierung ist vor allen Dingen die nötige Trockenheit wichtig. Getreide kann, ebenso wie Heu und Stroh, beim Einbringen nicht ausreichend trocken sein. Solches Futter ist für die Lagerung nicht geeignet und verdirbt schneller, deshalb hat Trockenheit höchste Priorität. Außerdem muss Futter, egal ob Getreide, Heu oder Stroh, vor Nagern und Vögeln geschützt sein. Bei der Zuteilung der Ration sollten Bestandteile von minderer Qualität großzügig aussortiert werden. Es versteht sich von selbst, dass Transportbehältnisse und Tröge sauber gehalten werden.

Unterziehen Sie alle Futtermittel kontinuierlich, von der Anlieferung bis zu ihrem Verbrauch, einer kritischen Prüfung, damit tun Sie viel für die Gesunderhaltung Ihres Pferdes.

Inhaltsstoffe

Rohfaser

Pferde haben einen hohen Strukturbedarf. Ein großer Rohfaseranteil in der Ernährung des Pferdes sorgt dafür, dass es ausreichend beschäftigt ist und somit psychisch gesund bleibt. Die vorhandene Rohfaser im Futter darf also nicht zu sehr zerkleinert oder gar zermahlen werden.

Beachte:

Ein Pferd benötigt pro 100 Kilogramm seines Körpergewichtes mindestens 1 Kilogramm Raufutter am Tag. Ein 500 Kilogramm schweres Pferd erhält also etwa 5 Kilogramm Heu und Stroh am Tag.

Margeriten wachsen auf Magerwiesen.

Bei einem Unterangebot von Rohfaser in der Ration kommt es zu Verdauungsstörungen im Dickdarm. Ein Überschuss an Rohfaser dagegen senkt meist die Verdaulichkeit anderer Nährstoffe. Zu einem Überschuss kommt es häufig dann, wenn die Rohfaser zerkleinert wurde.

Energie

Der Energiebedarf eines Pferdes ist von verschiedenen Faktoren wie beispielsweise Rasse, Haltungsart und Bewegung abhängig. Energie wird also nicht nur für den Erhal-

tungsstoffwechsel, sondern auch für Muskelarbeit, Gewebeansatz oder Milchleistung benötigt.

Die durchschnittlich benötigte Energie eines Pferdes kann in Tabellen nachgelesen werden. So wird zum Beispiel bei einem ausgewachsenem Pferd, im Erhaltungsstoffwechsel, von folgenden Energiewerten pro Tag ausgegangen:

- Pferdegewicht 300 kg: 43,3 MJ (Megajoules)
- Pferdegewicht 500 kg: 63,6 MJ
- Pferdegewicht 700 kg: 81,6 MJ

Eiweiß

Im Allgemeinen haben wir in den Rationen einen Überschuss an Eiweiß. Nur während der Wachstums- und Milchleistungsphasen ist der Bedarf an Eiweiß erhöht. Zu viel Eiweiß belastet bei seinem Abbau im Besonderen die Funktion von Leber und Niere.

Pferde, die im Erhaltungsstoffwechsel stehen, benötigen etwa 5 Gramm verdauliches Rohprotein pro MJ verdaulicher Energie.

Mineralstoffe

Mineralstoffe spielen eine wichtige Rolle für den Stoffwechsel und dienen als Baustoffe für den Körper. Da sie der Körper nicht selbst bilden kann, müssen sie über das Futter zugeführt werden. Man unterscheidet die Mineralstoffe in Mengenelemente, die in Grammmengen zugeführt werden müssen, und Spurenelemente, die in Milligrammmengen, also in Spuren, zugeführt werden müssen. Zu den wichtigsten Mengenelementen zählen Kalzium (Ca), Phosphor (P), Magnesium (Mg), Kalium (K) und Natrium (Na). Zu den lebenswichtigen Spurenelementen gehören Eisen (Fe), Zink (Zn) und Selen (Se). Die Mineralstoffe stehen sowohl untereinander als auch mit den Vitaminen in einer

Wechselbeziehung, so dass eine Unter- oder Überversorgung einzelner Elemente weitreichende Folgen haben kann.

Kalzium und Phosphor

Kalzium und Phosphor werden zum größten Teil in die Knochensubstanz eingelagert. Beide sind wichtig für die Blutgerinnung, die Reizleitung und den Energiestoffwechsel der Muskulatur. Das Verhältnis von Kalzium zu Phosphor sollte bei 1,5 bis 2,1 liegen. Wird dieses Verhältnis wesentlich unterschritten, kommt es zu einer Ausschleusung von Mineralien aus den Knochen. Die wenigsten empfohlenen Rationen weisen ein günstiges Ca/P-Verhältnis auf, darin könnte ein Grund für die vielen Gliedmaßenerkrankungen bei Pferden liegen.

Bei zu hoher Getreidefütterung kommt es zu einem Phosphorüberschuss. Um diesen Überschuss auszugleichen, wird die Kalziumzufuhr häufig über Bedarf erhöht. Dadurch wird die Resorption von Phosphor, Magnesium, Eisen und Zink herabgesetzt.

Kalziummangel führt zu Knochenbrüchigkeit, Wachstums- und Stoffwechselstörungen, Phosphormangel zu Fressunlust, Fruchtbarkeits- und Stoffwechselstörungen.

Löwenzahn wird von den Pferden gern gefressen, gibt aber kein gutes Heu.

Eine Kalziumüberversorgung kann zu Harnsteinbildung und ebenfalls zu Knochenbrüchigkeit führen. Eine Überversorgung mit Phosphor zieht eine verminderte Ausbeutung an Spurenelementen nach sich.

Magnesium

Beim Pferd kommt es äußerst selten zu einem Magnesiummangel, da die typische Ernährung des Pferdes normalerweise magnesiumreich ist. Magnesium ist beteiligt am Aufbau von Knochen und Zähnen, am Reizleitungssystem und an der Bildung von Enzymen. Ein Mangel an Magnesium führt zu Muskelkrämpfen, Nervosität und Appetitlosigkeit. Eine Überdosierung ist kaum möglich.

Kalium und Natrium

Kalium und Natrium sind für den Wasserhaushalt, die Muskeln und die Nervenfunktion von Bedeutung. Kalium wird im Allgemeinen ausreichend über das Futter aufgenommen, dagegen besteht meist eine Unterversorgung mit Natrium. Diese lässt sich unter normalen Umständen (nicht bei Hochleistungspferden) mit Salzlecksteinen ausgleichen.
Natrium- und Kaliummangel können zum Kreislaufkollaps führen oder Koliken verursachen. Zu viel Natrium führt zu Durchfällen, deshalb sollte der Salzleckstein für Fohlen in nicht erreichbarer Höhe hängen. Neuere Forschungen deuten darauf hin, dass erhöhte Kaliumwerte sich negativ auf die Herztätigkeit auswirken.
Ein Mangel an Kalium äußert sich in Muskelschwäche und Fressunlust, eine Überdosierung kommt selten vor.
Ein Mangel an Natrium führt zu Muskelkrämpfen, Lecksucht und Leistungsschwäche, eine Überdosierung tritt normalerweise nur bei Fohlen auf.

Spurenelemente

Bei einer ausgewogenen Futterration ist eine Unterversorgung mit Spurenelementen selten.

Eisen

Eisen ist wichtig für die Bildung roter Blutkörperchen und damit indirekt am Sauerstofftransport beteiligt. Eisenmangel äußert sich in Blutarmut, Fressunlust und einem rauen Haarkleid. Eine Überdosierung kommt nur selten vor.

Zink

Zink ist wichtig für den Eiweißstoffwechsel. Es unterstützt die Regeneration der Hautzellen. Liegen Hautprobleme vor, können diese auch durch einen Zinkmangel mitverursacht sein. Zinkmangel führt zu einer verstärkten Infektionsanfälligkeit und Hautproblemen, wie Ekzemen oder Haarausfall. Eine Überversorgung ist selten.

Kupfer

Kupfer wird für die Bildung roter Blutkörperchen, die Zellatmung, die Knochenentwicklung und zur Stärkung des Immunsystems benötigt. Vor allem bei Jungpferden muss auf eine ausreichende Kupferversorgung geachtet werden, denn eine Unterversorgung kann zu Wachstumsproblemen führen. Ein Mangel an Kupfer zieht Blutarmut und Infektionsanfälligkeit, eine Überversorgung Leberstörungen nach sich.

Mangan

Mangan wird für den Knochenstoffwechsel und die Eierstockfunktion benötigt. Es ist Bestandteil vieler Enzyme.

Ein Mangel führt zu Wachstumsstörungen, tritt aber selten auf. Eine Überversorgung hat Störungen der Fruchtbarkeit und Blutarmut zur Folge.

Jod

Jodmangel kann zu Kropfbildung, schlechter Milchleistung und einer Lebensschwäche bei Fohlen führen.

Selen

Selen kräftigt das Immunsystem, schützt die Zellen und ist Bestandteil von Enzymen. Selenmangel kann bei gleichzeitigem Vitamin-E-Mangel zur Degeneration der Muskeln führen. Er verursacht Skelett- und Herzmuskelveränderungen, schmerzende Muskulatur sowie Lahmheit. Ein Überschuss an Selen führt zu Haarausfall, Ausschuhen der Hufkapsel und Lahmheit, sodass der Selengabe erhöhte Aufmerksamkeit gewidmet werden muss.

Kanada, Magerwiese mit Buschbestand.

Kobalt

Kobalt ist Bestandteil von Vitamin B_{12} und spielt eine Rolle bei der Aktivierung von Enzymen.

Ein Mangel an Kobalt führt zu Blutarmut, Wachstumsstörungen und Hautveränderungen, eine Überversorgung tritt selten auf.

Vitamine

Vitamine sind lebensnotwendige organische Verbindungen. Jedes einzelne Vitamin erfüllt spezielle Aufgaben im Stoffwechsel, Gesundheit und Leistungsfähigkeit des Organismus hängen also wesentlich von einer ausreichenden Vitaminversorgung ab. Die fettlöslichen Vitamine A, D und E müssen über das Futter aufgenommen werden. Vitamin K und die wasserlöslichen Vitamine des B-Komplexes werden im Dickdarm gebildet, aber nicht genügend absorbiert. Zum Vitamin-B-Komplex gehören Vitamin B_1, B_2, B_6, Nikotinsäure, Pantothensäure, Biotin, Folsäure, Vitamin B_{12} und Cholin.
Überhöhte Gaben wasserlöslicher Vitamine werden vom Pferd toleriert. Mit Ausnahme von Vitamin B_{12} werden sie nicht im Körper gespeichert, deshalb ist eine kontinuierliche Zufuhr über das Futter notwendig. Mangelerscheinungen treten im Allgemeinen nur bei Fohlen oder bei Pferden auf, die eine sehr hohe Leistung erbringen müssen.

Vitamin A und β-Karotin (Provitamin A)

Vitamin A ist das Wachstumsvitamin, es schützt die Zellschichten von Haut und Schleimhäuten. β-Karotin, eine Vorstufe von Vitamin A, wirkt sich günstig auf die Tätigkeit der Eierstöcke und die embryonale Fruchtentwicklung aus. Durch β-Karotin werden der Vitamin-A-Haushalt stabilisiert und die Abwehrkraft erhöht. β-Karotin ist ein Vitamin pflanzlicher Herkunft. In hoher Konzentration befindet es sich vor allem in Grünpflanzen und Möhren. Im Heu sinkt der Gehalt von β-Karotin schnell ab, bei sachgerecht eingemieteten Möhren bleibt er dagegen weitgehend erhalten.
Eine Unterversorgung zeigt sich in Wachstumsstörungen, Leistungsabfall und verminderter Fruchtbarkeit. Eine Überversorgung führt zu einem rauen Fell, Knochenbrüchigkeit und einem herabgesetzten Muskeltonus.

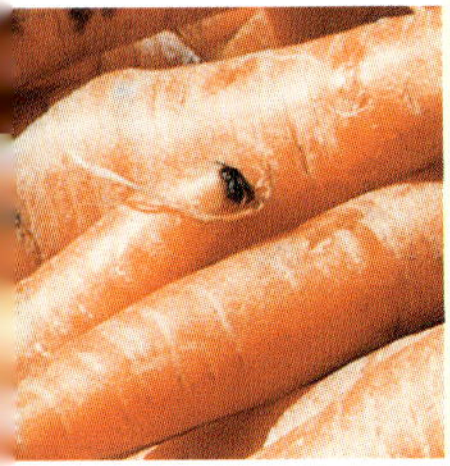

Vitamin D

Vitamin D besitzt einen großen Einfluss auf den Kalzium- und Phosphorhaushalt. Unter der Einwirkung von Sonnenlicht kann der Körper Vitamin D über die Haut selbst bilden – dies ist ein wichtiges Argument für eine artgerechte Haltung unserer Pferde.

Pferde brauchen viel Raufutter wie Heu und Stroh.

Ein Mangel an Vitamin D führt zu Wachstumsstörungen und Rachitis.

Wird über das Futter zu viel Vitamin D zugeführt, kann es zu Gefäß- und Nierenverkalkungen, Appetitlosigkeit, Lahmheit und bei jungen Fohlen, bei gleichzeitig unzureichendem Ca/P-Verhältnis, auch zu Knochenauftreibungen oder Bockhufbildung kommen.

Vitamin E

Vitamin E (Tocopherol) ist ein Antioxidans und ein wichtiger Zellschutz. Es ist besonders wichtig für Herz und Muskulatur. Es soll die Fruchtbarkeit sowie die allgemeine Leistungsbereitschaft der Pferde steigern. Seine Hauptaufgabe ist es, freie Radikale, die sich beim Verbrennen von Nährstoffen im Körper bilden, unschädlich zu machen. Werden diese reaktionsfreudigen Sauerstoffverbindungen

nicht schnell genug entschärft, greifen sie Eiweißstoffe, Membranen und die im Zellkern gespeicherten Erbinformationen an. Mangel besteht, wenn überhaupt, im Winter. Kennzeichen sind Muskelveränderungen, Bewegungsstörungen und Infektionsanfälligkeit. Überdosierung zeigt keine negativen Folgen.

Vitamin K

Vitamin K ist unentbehrlich für die Blutgerinnung. Ein Mangel liegt selten vor, da Vitamin K im Dickdarm gebildet wird. Eine erhöhte Zufuhr wirkt sich äußerst negativ auf den Organismus aus.

Vitamin B_1

Dieses Vitamin reguliert den Kohlenhydratstoffwechsel und beeinflusst die Nervenfunktion. Eine Unterversorgung führt zu Appetitlosigkeit, Krämpfen und einer schlechten Energieverwertung.

Vitamin B_2

Vitamin B_2 beeinflusst den Sehvorgang, ein Mangel konnte bisher nicht beobachtet werden.

Vitamin B_6

Vitamin B_6 ist wichtig für den Eiweißstoffwechsel. Eine Unterversorgung ist selten, kann aber in einzelnen Fällen zu Hautveränderungen und Nervenstörungen führen.

Nikotinsäure, Pantothensäure, Cholin

Diese Vitamine sind wichtig für zahlreiche Stoffwechselvorgänge, die Haut und die Verdauung. Eine Unterversorgung wurde bisher nicht beobachtet.

Biotin

Es ist eines der bekanntesten Vitamine aus der Gruppe der B-Vitamine. Biotin hat bei regelmäßiger Zufuhr einen günstigen Einfluss auf Verhornung, Hornqualität und Hornsubstanz der Hufe. Da das Horn des Pferdehufes nahezu ein Jahr braucht, um vom Kronrand zum Tragrand zu wachsen, sollte Biotin über neun bis zwölf Monate täglich verabreicht werden. Biotin ist wichtig für die Fettsäuresynthese, ein Mangel führt zu trockener Haut und brüchigem Haar.

Folsäure

Folsäure ist an vielen Stoffwechselvorgängen beteiligt, unter anderem am Aufbau von roten Blutkörperchen. Ein Mangel kann zu Anämie und Leistungsschwäche führen.

Beachte:

- Pro 100 kg Pferdegewicht mindestens 1 kg Raufutter geben.
- Die erforderliche Energiemenge richtet sich nach Rasse, Gewicht und Leistung.
- Beim Futter auf ausreichend Mineralstoffe, Spurenelemente und Vitamine achten.

Vitamin B_{12}

Vitamin B_{12} ist mitverantwortlich für die Blutbildung und den Aufbau einiger Aminosäuren. Mangelerscheinungen sind selten, Anzeichen dafür wären schlechte Futterverwertung, Anämie und ein struppiges Fell.

Vitamin C

Vitamin C steigert die Abwehrkräfte und wirkt, wie Vitamin E, als Radikalenfänger. Bei einem Mangel kommt es unter Stress zu einer erhöhten Infektionsanfälligkeit und Leistungsschwäche.

Grundfuttermittel

Zu den Grundfuttermitteln gehören Raufutter (Heu und Stroh) sowie Saftfutter (Karotten, Äpfel oder Silage). Gras kann dem Raufutter, aber auch dem Saftfutter zugeordnet werden, je nachdem wie hoch der Rohfasergehalt beziehungsweise der Wassergehalt ist. Diese Grundfuttermittel sorgen für genügend Ballaststoffe in der Ernährung.

Grünfutter

Als Grünfutter bezeichnet man die oberirdischen Teile von Futterpflanzen, die sich noch im Wachstumsstadium befinden. Dieses Grünfutter erhält man von Dauergrünland, das sind Wiesen oder Weiden. Wiesen werden nur zum Schnitt von Grünfutter benutzt, denn sie sind nicht trittfest und eignen sich deshalb nicht zum Beweiden. Weiden können aufgrund ihres Bewuchses und ihrer Bodenbeschaffenheit betreten und beweidet werden. Eine besondere Form sind Mähweiden, die abwechselnd für die Beweidung und zur Gewinnung von Grünschnitt genutzt werden.
Der Nährstoffgehalt des Grünfutters ist abhängig von der unterschiedlichen Zusammensetzung der Vegetation, des Bodens, des Klimas, der Düngung und der Art der Nutzung.

Magerwiese,
reich an
Mineralstoffen.

Kräuter

Auf extensiv bewirtschafteten, wenig gedüngten Flächen ist der Anteil an Kräutern im Allgemeinen hoch. Zu den erwünschten Kräutern für Pferde gehören: Wiesenkümmel, Schafgarbe, Löwenzahn, Große Bibernelle, Spitzwegerich, Kleiner Wiesenknopf, Wilde Möhre und Wildpetersilie. Kräuter im Grünfutter erhöhen den Gehalt an Kalk, wichtigen Mineralstoffen und Spurenelementen in der Nahrung. Der Kräuteranteil im Grünfutter sollte zehn bis 15 Prozent betragen. Unerwünschte Kräuter sind zum Beispiel die verschiedenen Arten von Hahnenfuß, Sumpfdotterblumen, Herbstzeitlose oder der Sumpfschachtelhalm. Der Anteil an Kleepflanzen sollte auf einem Grünland für Pferde nur zehn bis 15 Prozent betragen. Erwünschte Klee- und kleeartige Pflanzen für Pferde sind der Weißklee, der Wiesenrotklee, der Bastardklee, die Zaunwicke, die Vogelwicke und die Wiesenplatterbse. Diese Pflanzen sind nicht massenwüchsig, aber hochverdaulich und reich an Eiweiß, Kalzium und Magnesium.

Ökosystem

Wiesen und Weiden sind komplizierte Ökosysteme. Ihr Gleichgewicht hängt von den örtlichen Bodenverhältnissen, dem Klima und ihrer Nutzung ab. Werden Weiden nur von Pferden beweidet, hat dies unerwünschte Folgen: Pferde sind große Feinschmecker. Was sie gerne fressen, beißen sie dicht über der Grasnarbe ab. Was sie weniger mögen, lassen sie stehen. Die abgefressenen Gräser brauchen lange Zeit zum Nachwachsen, die verschmähten Gräser können dagegen weiter wachsen und sich aussäen. Dies hat zur Folge, dass es

Extensivweide, 1. Aufwuchs, Beginn bis Mitte der Blüte, Angaben pro kg

verdauliche Energie	**2,19 MJ**
verdauliches Rohprotein	17,0 g
Ca/P-Quotient	5,5
Kalzium	2,44 g
Phosphor	0,44 g
Magnesium	0,46 g
Natrium	0,01 g
Kalium	3,96 g
Chlor	0,64 g
Eisen	44,2 mg
Kupfer	1,8 mg
Zink	0,0 mg
Mangan	0,0 mg
Kobalt	0,029 mg
Selen	0,000 mg
Jod	0,000 mg
β-Karotin	50,0 mg
Vitamin D	30 IE
Vitamin E	5,0 mg
Vitamin B_1	2,0 mg
Vitamin B_2	2,5 mg

Extensivweide, 2. und weitere Aufwüchse, 4–6 Wochen, Angaben pro kg

verdauliche Energie	**1,83 MJ**
verdauliches Rohprotein	18,0 g
Ca/P-Quotient	5,1
Kalzium	3,26 g
Phosphor	0,64 g
Magnesium	0,42 g
Natrium	0,01 g
Kalium	3,60 g
Chlor	0,58 g
Eisen	40,2 mg
Kupfer	1,6 mg
Zink	0,0 mg
Mangan	0,0 mg
Kobalt	0,026 mg
Selen	0,000 mg
Jod	0,000 mg
β-Karotin	50,0 mg
Vitamin D	30 IE
Vitamin E	5,0 mg
Vitamin B_1	2,0 mg
Vitamin B_2	2,5 mg

immer weniger Kräuter gibt, die wir auf einer Pferdeweide gerne sehen würden. Eine solche Entwicklung kann nur durch einen Wechsel von Mähen und Beweiden verhindert oder zumindest hinausgezögert werden.

Heu

Heu ist eigentlich ein sehr natürliches Pferdefutter. Doch leider sind die meisten Heuwiesen durch zu häufigen Schnitt strapaziert. Da im Allgemeinen zu früh geschnitten wird, können sich die Gräser nicht aussäen, die Wiese wird immer artenärmer und besitzt kaum noch Kräuterbewuchs. Gutes Pferdeheu kann man von Wiesen gewinnen, die auch den Anforderungen an eine gute Pferdeweide gerecht werden. Von großer Bedeutung bei der Heugewinnung ist der Schnittzeitpunkt, er bestimmt entscheidend den Nährstoffgehalt des Heus. Früh geschnittenes Gras enthält viel Eiweiß, kaum Ballaststoffe und hat wenig Struktur. Gut geeignet ist dieses Heu für Pferde, die einen hohen Eiweiß- und Energiebedarf haben, wie Fohlen und laktierende Stuten. Bei überständigem Gras des ersten Schnitts sinken der Energie- und Eiweißgehalt, während der Rohfasergehalt stark ansteigt. Das Heu hat viel Struktur und Ballaststoffe und ist für unsere Freizeit- und Sportpferde am besten geeignet.

Nicht gedüngte Wiesen geben gutes Heu.

Beim zweiten und dritten Schnitt sieht es ähnlich aus wie bei einem ersten frühen Schnittzeitpunkt. Der Rohfasergehalt ist niedrig, der Eiweißgehalt ist hoch. Wenn Sie kein geeignetes Pferdeheu bekommen, können Sie den Ballaststoffmangel ausgleichen, indem Sie mehr Stroh füttern.

Vorsichtig wenden, damit Mineralstoffe erhalten bleiben.

Heu – konserviertes Gras

Jede Konservierung geht mit Nährstoffverlusten einher. Bei der Heugewinnung kommt es insgesamt zu Nährstoffverlusten von 20 bis 50 Prozent. Frisches Heu muss einige Wochen gelagert werden, bevor es gefüttert werden kann. Während dieser Zeit schwitzt das Heu, es kommt zu einer Bakterienvermehrung, die zu Erwärmung und Nährstoffverlusten führt. Heuballen müssen also locker gelagert werden, damit die Luft zirkulieren kann. Auch auf der Wiese ausreichend getrocknetes Heu besitzt noch eine Restfeuchtigkeit von ungefähr 20 bis 25 Prozent. Erst wenn der Wassergehalt auf 15 Prozent reduziert ist, kommt die Bakterientätigkeit zum Stillstand. Bleibt der Wassergehalt zu lange über 15 Prozent, schimmelt das Heu. Pferde reagieren empfindlich auf Schimmelpilze: Sie können leichte Durchfälle, Koliken, Allergien, Atembeschwerden und bei tragenden Stuten sogar Aborte hervorrufen.

Wiesenheu sollte Gräser, Klee und Kräuter enthalten. Auf den von Landwirten genutzten Heuwiesen überwiegt der Gräseranteil. Durch den frühen Schnitt können sich noch vorhandene Kräuter nicht mehr aussäen und verschwinden immer mehr. Die starke Düngung der Wiesen tut ein Übriges. Auf Heuwiesen sollten weder Sumpfschachtelhalm, Herbstzeitlose, Adonisröschen und Kreuzkraut noch Adlerfarn wachsen, sie sind alle giftig für Pferde. Der scharfe Hahnenfuß ist nur in frischer Form giftig, ein weidendes Pferd wird ihn auch freiwillig nicht aufnehmen, getrocknet ist er unschädlich.

Struktur- und kräuterreiches Heu.

So erkennen Sie gutes Heu

Gutes Heu kann man an Farbe, Geruch und Aussehen erkennen: Es ist von fast frischem Grün, duftet intensiv nach Kräutertee und ist frei von Verunreinigungen. Wurde es bei der Heugewinnung zu nass oder lag es zum Trocknen zu lange auf dem Boden, bleicht es aus. Wurde es feucht gepresst oder bei der Lagerung überhitzt, verändert sich die Farbe ins Bräunlich-Schwarze. Verschimmeltes Heu ist grau.

Gutes Heu duftet wie frisch aufgegossener Kräutertee. Mit der Lagerung lässt die Intensität des Geruches natürlich etwas nach, dennoch sollte der Duft angenehm bleiben. Heu darf nie fade riechen, schon gar nicht muffig oder faulig.

Je blattreicher und stängelärmer das Heu ist, desto höher ist der Eiweißgehalt und desto niedriger der Rohfasergehalt.

Normalerweise sollte Heu frei von Verunreinigungen wie Erde und Steinen sein. Steine sortieren die Pferde selbst aus, auf Erde reagieren viele Pferde, vor allen Dingen die Allergiker, sehr empfindlich.

Betrachten Sie die Inhaltsstoffe näher: Heu von extensiv bewirtschafteten Flächen hat einen geringen Eiweißgehalt, ist also ideal für die Pferdefütterung. Allerdings ist das Ca/P-Verhältnis schlecht.

Strukturarmes Heu vom zweiten Schnitt.

Bei Heu von bewirtschafteten Flächen ist der Eiweißgehalt sehr hoch, das Ca/P-Verhältnis jedoch günstig. Egal, welches Heu Sie nehmen, Sie müssen es mit anderen Futtermitteln richtig ergänzen, damit Sie eine vollwertige Futterration erhalten.

Heu, extensiv, 1. Aufwuchs, Ende der Blüte, Angaben pro kg

verdauliche Energie	**6,82 MJ**
verdauliches Rohprotein	38,0 g
Ca/P-Quotient	4,3
Kalzium	7,05 g
Phosphor	1,63 g
Magnesium	1,46 g
Natrium	0,26 g
Kalium	12,04 g
Chlor	0,00 g
Eisen	0,0 mg
Kupfer	4,0 mg
Zink	0,0 mg
Mangan	103,2 mg
Kobalt	0,000 mg
Selen	0,000 mg
Jod	0,000 mg
β-Karotin	5,0 mg
Vitamin D	500 IE
Vitamin E	20,0 mg
Vitamin B_1	2,0 mg
Vitamin B_2	10,0 mg

Heu, intensiv, 1. Aufwuchs, Ende der Blüte, Angaben pro kg

verdauliche Energie	**6,87 MJ**
verdauliches Rohprotein	46,0 g
Ca/P-Quotient	2,4
Kalzium	5,16 g
Phosphor	2,15 g
Magnesium	1,63 g
Natrium	0,42 g
Kalium	20,82 g
Chlor	0,00 g
Eisen	281,5 mg
Kupfer	6,2 mg
Zink	27,2 mg
Mangan	101,4 mg
Kobalt	0,072 mg
Selen	0,000 mg
Jod	0,000 mg
β-Karotin	5,0 mg
Vitamin D	500 IE
Vitamin E	20,0 mg
Vitamin B_1	2,0 mg
Vitamin B_2	10,0 mg

Stroh

Stroh hat einen geringen Eiweiß-, aber einen hohen Rohfasergehalt. Die darin reichlich enthaltenen Ballaststoffe unterstützen die Verdauung und sorgen für ein ausreichendes Sättigungsgefühl. Haferstroh ist als Futterstroh für Pferde am besten geeignet. Es ist blattreich, enthält besonders viele Nährstoffe und hat das günstigste Ca/P-Verhältnis aller erhältlichen Strohsorten. Auf dem Kompost verrottet es am schnellsten. Pferde bevorzugen allerdings die stängelreichen Sorten, wie Weizen- und Gerstenstroh. Generell enthält Stroh mehr Natrium, Chlor und Zink als Heu und ähnlich viel Eisen und Kupfer. Haferstroh ist eine gute Alternative zu Heu: Es hat immerhin zwei Drittel der Nährstoffe von Heu.

Tragende Stuten ab dem 7. Monat und laktierende Stuten haben einen erhöhten Eiweißbedarf, sie sollten nicht zu viel Stroh fressen, dies gilt auch für alte Pferde.

Stroh eignet sich vor allem im Frühjahr bei Weideaustrieb als zusätzliches Futter. Das junge Gras liefert reichlich Eiweiß. Ein eventueller Überschuss wird durch Stroh wieder ausgeglichen.

Beachte:

Stroh ist ein geeignetes Futtermittel für Pferde, wenn man es richtig durch Heu und Kraftfutter ergänzt. Wie Heu muss Stroh einige Wochen lagern, bevor es verfüttert werden kann.

Haferstroh, Angaben pro kg

verdauliche Energie	**5,54 MJ**
verdauliches Rohprotein	10,0 g
Ca/P-Quotient	2,9
Kalzium	3,53 g
Phosphor	1,2 g
Magnesium	0,95 g
Natrium	1,93 g
Kalium	18,06 g
Chlor	7,57 g
Eisen	160,8 mg
Kupfer	6,1 mg
Zink	69,7 mg
Mangan	71,4 mg
Kobalt	0,052 mg
Selen	0,0 mg
Jod	0,275 mg
β-Karotin	0,0 mg
Vitamin D	0 IE
Vitamin E	0,0 mg
Vitamin B_1	3,0 mg
Vitamin B_2	8,7 mg

Stroh: wichtiger Rohfaserlieferant.

Gerstenstroh, Angaben pro kg

verdauliche Energie	**4,86 MJ**
verdauliches Rohprotein	7,0 g
Ca/P-Quotient	5,9
Kalzium	4,04 g
Phosphor	0,69 g
Magnesium	0,77 g
Natrium	3,19 g
Kalium	14,62 g
Chlor	7,40 g
Eisen	221,9 mg
Kupfer	5,1 mg
Zink	37,0 mg
Mangan	71,4 mg
Kobalt	0,163 mg
Selen	0,0 mg
Jod	0,301 mg
β-Karotin	0,0 mg
Vitamin D	0 IE
Vitamin E	0,0 mg
Vitamin B_1	0,0 mg
Vitamin B_2	0,0 mg

Weizenstroh, Angaben pro kg

verdauliche Energie	**4,65 MJ**
verdauliches Rohprotein	7,0 g
Ca/P-Quotient	4,4
Kalzium	2,67 g
Phosphor	0,6 g
Magnesium	0,89 g
Natrium	1,18 g
Kalium	8,92 g
Chlor	2,94 g
Eisen	259,6 mg
Kupfer	7,0 mg
Zink	34,8 mg
Mangan	57,1 mg
Kobalt	0,054 mg
Selen	0,0 mg
Jod	0,491 mg
β-Karotin	0,0 mg
Vitamin D	0 IE
Vitamin E	0,0 mg
Vitamin B_1	0,0 mg
Vitamin B_2	0,0 mg

Möhren

Möhren sind ein beliebtes diätetisches Futtermittel und werden von den meisten Pferden sehr gerne gefressen. Das mag an dem hohen Zuckergehalt der Möhren liegen, der bis zu 50 Prozent der Trockenmasse ausmachen kann. Möhren enthalten sehr viel β-Karotin, das auch bei längerer sachgerechter Lagerung kaum abnimmt. Bereits 2 kg Möhren am Tag decken den täglichen β-Karotinbedarf eines Pferdes. Vor dem Verfüttern müssen die Möhren gesäubert werden, denn Schmutz und Sand können zu Koliken führen.

Im Herbst reicht das im Heu enthaltene β-Karotin aus, bei gutem Heu und richtiger Lagerung auch noch im frühen Winter. Ab Januar bis zum nächsten Weideaustrieb muss zusätzlich β-Karotin zugeführt werden. Besonders wichtig ist dies bei Stuten, die man decken lassen möchte: Sie müssen mit genügend β-Karotin versorgt werden, um überhaupt aufnahmebereit zu werden.

Mohrrübe, Angaben pro kg

verdauliche Energie	1,81 MJ
verdauliches Rohprotein	9,0 g
Ca/P-Quotient	1,4
Kalzium	0,51 g
Phosphor	0,37 g
Magnesium	0,23 g
Natrium	0,33 g
Kalium	3,33 g
Chlor	1,12 g
Eisen	7,1 mg
Kupfer	0,7 mg
Zink	3,9 mg
Mangan	2,7 mg
Kobalt	0,019 mg
Selen	0,004 mg
Jod	0,039 mg
β-Karotin	50,0 mg
Vitamin D	0 IE
Vitamin E	0,0 mg
Vitamin B_1	0,0 mg
Vitamin B_2	0,0 mg

Beachte:

Sie können die Hälfte des Kraftfutters durch Möhren ersetzen. 5 kg Möhren entsprechen etwa dem Energiegehalt von 1 kg Kraftfutter. Füttern Sie nicht von heute auf morgen größere Mengen Möhren, sondern stellen Sie die Fütterung langsam um.

Diskutiert wird seit langem, ob die Inhaltsstoffe von Möhren eine Wirkung auf Darmparasiten haben. Bewiesen ist dies noch nicht. Es wird aber vermutet, dass Möhren bei Spulwürmern hilfreich sind.

Rüben

Für die Pferdefütterung werden hauptsächlich Futterrüben, Zuckerrüben und Kohlrüben verwendet. Alle Rübensorten besitzen einen hohen Wassergehalt und sind deshalb nicht sehr lange haltbar. Ihr geringer Rohfasergehalt macht sie leicht verdaulich. Erwähnenswert ist ihr hoher Anteil an Pektinen.

Rüben sind meist stark verschmutzt, dürfen aber nur gesäubert gefüttert werden, sonst kann es leicht zu Koliken kommen.

Rüben sind eine sinnvolle Futterergänzung, sollten aber, wie Möhren, zunächst nur in kleinen Mengen gefüttert werden. Vom Energiegehalt her entsprechen 3,5 kg Zuckerrüben 1 kg Kraftfutter. Bei einer artgerechten Ernährung des Pferdes können Sie 1 kg Kraftfutter durch Rüben ersetzen, aber nicht mehr. Bei Pferden sind Zuckerrüben wegen ihres süßen Geschmacks sehr begehrt. Sie haben einen hohen Zucker- und Trockensubstanzgehalt. Der Zucker kann über 70 Prozent der Trockenmasse betragen. Zuckerrüben gibt es im Herbst/Winter frisch oder auch als Trockenschnitzel. Trockenschnitzel sind ein Abfallprodukt der Zuckerindustrie, sie werden nach der Reinigung der Rüben hergestellt.

Rüben müssen mit der entsprechenden Menge an Raufutter, Vitaminen, Mineralstoffen und Spurenelementen ergänzt werden, damit es zu keinen ernährungsbedingten Mangelerscheinungen kommen kann.

Beachte:

Trockenschnitzel vor dem Verfüttern mindestens zwölf Stunden in der vierfachen Menge Wasser einweichen. Die Stücke quellen durch ihren Pektingehalt sehr stark auf, und es kann bei ungenügender Quellzeit leicht zu Schlundverstopfungen, Magenrupturen und Koliken kommen.

Futterrüben: vor dem Füttern reinigen.

Zuckerrübe, Angaben pro kg

verdauliche Energie	**3,31 MJ**
verdauliches Rohprotein	10,0 g
Ca/P-Quotient	1,4
Kalzium	0,51 g
Phosphor	0,37 g
Magnesium	0,37 g
Natrium	0,22 g
Kalium	1,86 g
Chlor	0,93 g
Eisen	49,9 mg
Kupfer	1,2 mg
Zink	8,4 mg
Mangan	14,2 mg
Kobalt	0,021 mg
Selen	0,0 mg
Jod	0,0 mg
β-Karotin	10,0 mg
Vitamin D	0 IE
Vitamin E	0,0 mg
Vitamin B_1	0,0 mg
Vitamin B_2	0,0 mg

Zuckerrübe, Trockenschnitzel, Angaben pro kg

verdauliche Energie	**13,64 MJ**
verdauliches Rohprotein	32,0 g
Ca/P-Quotient	2,5
Kalzium	2,29 g
Phosphor	0,92 g
Magnesium	0,00 g
Natrium	0,00 g
Kalium	0,00 g
Chlor	0,00 g
Eisen	0,00 mg
Kupfer	0,0 mg
Zink	0,0 mg
Mangan	0,0 mg
Kobalt	0,0 mg
Selen	0,0 mg
Jod	0,0 mg
β-Karotin	0,0 mg
Vitamin D	0 IE
Vitamin E	0,0 mg
Vitamin B_1	0,0 mg
Vitamin B_2	0,0 mg

Krippenfutter

Gerste

Gerste ist eine unserer ältesten Kulturpflanzen und unser wichtigstes Futtergetreide überhaupt. Wie bei den anderen Getreidearten ist der Mehlkörper des Getreidekornes vergrößert. Der Keimling enthält besonders viel Vitamin E und viele Vitamine des B-Komplexes. Die Samenschale des Kornes besitzt einen hohen Mineralstoffgehalt, insbesondere Phosphor, ist aber ansonsten nährstoffarm.

Im Orient erhalten Pferde als Kraftfutter fast ausschließlich Gerste, dazu ein ausreichendes Angebot an Raufutter. Bei uns wurde Gerste als Krippenfutter für Pferde lange Zeit vernachlässigt, da sie meist an Rinder und Schweine verfüttert wurde. Gerste ist energiereicher als Hafer, hat aber einen geringeren Rohfaseranteil und, je nach Sorte, weniger Eiweiß. Gerste besitzt, wie die anderen Getreidesorten, ein enges Ca/P-Verhältnis. Dies wirkt sich bei übermäßiger Getreidefütterung ungünstig auf den Stoffwechsel des Pferdes aus.

Bei hohen Raufuttergaben und geringen Mengen an Kraftfutter kann der Getreideanteil jedoch das zu hohe Ca/P-Verhältnis von Heu- und Grasfütterung ausgleichen. Gerste kann dem Krippenfutter bis zu einer Höchstmenge von 50 Prozent zugesetzt werden. Gerstenkörner sollten wegen ihrer Härte leicht angequetscht verfüttert, aber nicht geschrotet werden, da sonst der Mehl- und damit der Staubanteil zu hoch wird.

Gerste: wichtiges Futtergetreide.

Wintergerste, Körner, Angaben pro kg

verdauliche Energie	12,83 MJ
verdauliches Rohprotein	84,0 g
Ca/P-Quotient	0,2
Kalzium	0,62 g
Phosphor	3,61 g
Magnesium	1,06 g
Natrium	0,76 g
Kalium	3,52 g
Chlor	1,67 g
Eisen	35,2 mg
Kupfer	5,3 mg
Zink	17,6 mg
Mangan	8,8 mg
Kobalt	0,088 mg
Selen	0,088 mg
Jod	0,246 mg
β-Karotin	3,9 mg
Vitamin D	0 IE
Vitamin E	6,0 mg
Vitamin B_1	5,0 mg
Vitamin B_2	1,8 mg

Sommergerste, Körner, Angaben pro kg

verdauliche Energie	12,62 MJ
verdauliches Rohprotein	75,0 g
Ca/P-Quotient	0,2
Kalzium	0,70 g
Phosphor	3,39 g
Magnesium	1,13 g
Natrium	0,28 g
Kalium	4,35 g
Chlor	1,31 g
Eisen	38,3 mg
Kupfer	5,3 mg
Zink	27,8 mg
Mangan	15,7 mg
Kobalt	0,087 mg
Selen	0,148 mg
Jod	0,244 mg
β-Karotin	3,8 mg
Vitamin D	0 IE
Vitamin E	5,9 mg
Vitamin B_1	5,0 mg
Vitamin B_2	1,7 mg

Hafer

Hafer ist, wie auch andere Getreidesorten, eine Gräserart. In der Hauptsache besteht das Getreidekorn aus dem Keimling und dem Mehlkörper. Der Keimling enthält reichlich Vitamin E und Vitamine des B-Komplexes. Die Samenschale des Kornes besitzt einen hohen Mineralstoffgehalt, insbesondere Phosphor, ist aber ansonsten nährstoffarm.

Beachte:

Wenn Ihre Pferde intakte Backenzähne haben, sollten Sie Hafer, wie auch andere Getreidearten, als ganzes Korn verfüttern.

Hafer ist das wohl am weitesten verbreitete Kraftfutter für Pferde. Haferkörner werden meist entspelzt und geschält gefüttert, manchmal auch gequetscht. Gequetschter Hafer bildet mit dem Speichel zusammen einen Brei, der kaum gekaut werden muss. Die Zähne werden dabei ungleich abgenutzt.

Bei Pferden mit Zahnschäden oder bei Fohlen, deren Gebiss noch nicht voll entwickelt ist, wird der Hafer zur Erhöhung der Verdaulichkeit gequetscht oder geschrotet.

Hafer enthält hohe Mengen an ungesättigten Fettsäuren und Schleimstoffen. Bei hohen Haferrationen wirken sich jedoch das enge Ca/P-Verhältnis sowie

Biologisch angebauter Hafer: beliebtes Kraftfutter.

der Mangel an den meisten fettlöslichen Vitaminen (außer Vitamin E) ungünstig aus. Einseitige Haferfütterung kann zu schwer wiegenden Stoffwechselstörungen, vor allen Dingen im Mineralstoffwechsel und im Säure-Basen-Gleichgewicht, führen.

In geringen Mengen kann Pferden Hafer ohne Beeinträchtigungen der Gesundheit gefüttert werden.

Hafer, Körner, Angaben pro kg

verdauliche Energie	**11,60 MJ**
verdauliches Rohprotein	86,0 g
Ca/P-Quotient	0,3
Kalzium	1,06 g
Phosphor	3,09 g
Magnesium	1,24 g
Natrium	0,34 g
Kalium	4,42 g
Chlor	0,88 g
Eisen	57,5 mg
Kupfer	4,2 mg
Zink	31,8 mg
Mangan	42,4 mg
Kobalt	0,062 mg
Selen	0,194 mg
Jod	0,097 mg
β-Karotin	0,0 mg
Vitamin D	0 IE
Vitamin E	5,8 mg
Vitamin B_1	6,2 mg
Vitamin B_2	1,4 mg

Hafer, Körner, entspelzt, Angaben pro kg

verdauliche Energie	**14,15 MJ**
verdauliches Rohprotein	92,0 g
Ca/P-Quotient	0,3
Kalium	1,00 g
Phosphor	3,50 g
Magnesium	1,29 g
Natrium	0,35 g
Kalzium	4,59 g
Chlor	0,92 g
Eisen	59,7 mg
Kupfer	4,3 mg
Zink	33,0 mg
Mangan	44,1 mg
Kobalt	0,064 mg
Selen	0,202 mg
Jod	0,101 mg
β-Karotin	0,0 mg
Vitamin D	0 IE
Vitamin E	6,1 mg
Vitamin B_1	6,4 mg
Vitamin B_2	1,5 mg

Mais ist hochverdaulich und energiereich.

Mais

Bei uns wird Mais in der landwirtschaftlichen Viehhaltung vor allen Dingen als Maissilage gefüttert. In den USA und in Kanada wird Körnermais in größeren Mengen als Kraftfutter für Pferde verwendet, allerdings wird dort insgesamt weniger Kraftfutter und mehr Raufutter als bei uns gefüttert. Letzteres ist bei der Maisfütterung besonders wichtig, da Mais nur einen geringen Rohfaseranteil besitzt.

Bei der Pferdefütterung zeichnet sich Mais durch seinen niedrigen Eiweißgehalt aus. Mais ist eiweiß- und rohfaserärmer als andere Getreidesorten, durch seine höhere Verdaulichkeit allerdings energiereicher als Hafer und Gerste. Mais soll bei Stuten milchbildend wirken und wird gerne als Mischfutterbeigabe zur Fütterung von Stuten und Fohlen, aber auch bei Reit- bzw. Arbeitspferden mit erhöhter Leistung eingesetzt. Die Körner können am besten grob geschrotet gefüttert werden. Bei zu starker Zerkleinerung wird der Staubanteil zu hoch. Mais kann dem Krippenfutter zugesetzt werden, sein Anteil sollte aber 50 Prozent nicht übersteigen.

Immer mehr Landwirte nehmen Pferde in Pension. Da sie Silage für die Rinder vorrätig haben, stellt sich die Frage, ob diese auch an Pferde gefüttert werden kann. Voraussetzung ist auf jeden Fall ein schneller Verbrauch der Silage. Silage gibt es zwischenzeitlich auch in kleinen Mengen vakuumverpackt. Sie hat den Vorzug, dass sie keine Pilzsporen enthält, ein entscheidender Vorteil für Allergiker. Achten Sie auf einen absolut sauberen Umgang und schnellen Verbrauch, da sich in Verbindung mit Sauerstoff sehr schnell gesundheitsschädliche Bakterien an den Anschnittstellen bilden können. In der freien Natur gibt es allerdings keine Silagebildung, so dass es mir nicht sehr naturgemäß erscheint, Pferden Silage zu füttern.

Mais, Körner, Angaben pro kg

verdauliche Energie	**13,69 MJ**
verdauliches Rohprotein	67,0 g
Ca/P-Quotient	0,2
Kalzium	0,44 g
Phosphor	2,9 g
Magnesium	0,88 g
Natrium	0,23 g
Kalium	2,64 g
Chlor	0,44 g
Eisen	28,1 mg
Kupfer	3,3 mg
Zink	27,2 mg
Mangan	7,9 mg
Kobalt	0,114 mg
Selen	0,088 mg
Jod	0,334 mg
β-Karotin	3,9 mg
Vitamin D	0 IE
Vitamin E	3,5 mg
Vitamin B_1	4,0 mg
Vitamin B_2	1,1 mg

Mais, siliert, in der Teigreife, Angaben pro kg

verdauliche Energie	**2,98 MJ**
verdauliches Rohprotein	14,0 g
Ca/P-Quotient	1,4
Kalzium	0,92 g
Phosphor	0,68 g
Magnesium	0,54 g
Natrium	0,00 g
Kalium	3,51 g
Chlor	0,00 g
Eisen	0,00 mg
Kupfer	2,5 mg
Zink	0,00 mg
Mangan	0,0 mg
Kobalt	0,0 mg
Selen	0,0 mg
Jod	0,0 mg
β-Karotin	0,0 mg
Vitamin D	0 IE
Vitamin E	0,0 mg
Vitamin B_1	0,0 mg
Vitamin B_2	0,0 mg

Links: Weidenäste sind eine Knabberei mit hohem Gerbstoffgehalt.
Rechts: Ein Apfelbaum lädt zum Naschen ein.

Sonstiges

Trockenschnitzel

Trockenschnitzel gibt es melassiert und unmelassiert. Melassierte Trockenschnitzel besitzen einen wesentlich höheren Energiegehalt als unmelassierte. Sie müssen vor dem Verfüttern mit der vierfachen Menge Wasser über mehrere Stunden eingeweicht werden, sonst kann es zu Schlundverstopfungen und Magenüberladungen kommen. Bezüglich der Inhaltsstoffe gibt es keinen Grund, Trockenschnitzel in der Rationsberechnung zu berücksichtigen.

Backwaren

Wohl jeder Pferdebesitzer weiß, dass getrocknete Backwaren an Pferde gefüttert werden. Manch einer mag sich fragen, ob dies ernährungsphysiologisch sinnvoll ist. Getrocknete Backwaren werden von Pferden sehr gerne angenommen, in kleineren Mengen kann man sie ohne weiteres als Leckerchenersatz verwenden. Dass man sie nicht in rauhen Mengen füttern sollte, dürfte spätestens dann einleuchten, wenn man sich die Inhaltsstoffe näher ansieht: Backwaren liefern nichts als jede Menge leere Kalorien.

Links: Trockenes Brot bitte nur ab und zu füttern. Rechts: Ein paar Äpfel zwischendurch sind willkommen.

Backwaren, Angaben pro kg

verdauliche Energie	13,62 MJ
verdauliches Rohprotein	73,0 g
Ca/P-Quotient	0,0
Kalzium	0,0 g
Phosphor	0,0 g
Magnesium	0,0 g
Natrium	0,0 g
Kalium	0,0 g
Chlor	0,0 g
Eisen	0,0 mg
Kupfer	0,0 mg
Zink	0,0 mg
Mangan	0,0 mg
Kobalt	0,0 mg
Selen	0,0 mg
Jod	0,0 mg
β-Karotin	0,0 mg
Vitamin D	0 IE
Vitamin E	0,0 mg
Vitamin B_1	0,0 mg
Vitamin B_2	0,0 mg

Weizenkleie, Angaben pro kg

verdauliche Energie	9,43 MJ
verdauliches Rohprotein	107,0 g
Ca/P-Quotient	0,1
Kalzium	1,58 g
Phosphor	11,53 g
Magnesium	0,0 g
Natrium	0,0 g
Kalium	0,0 g
Chlor	0,0 g
Eisen	0,0 mg
Kupfer	0,0 mg
Zink	0,0 mg
Mangan	0,0 mg
Kobalt	0,0 mg
Selen	0,0 mg
Jod	0,0 mg
β-Karotin	2,3 mg
Vitamin D	0 IE
Vitamin E	8,8 mg
Vitamin B_1	7,0 mg
Vitamin B_2	2,7 mg

Weizenkleie

Weizenkleie ist eigentlich kein Pferdefutter. Sie wird nur eingesetzt, wenn eine abführende Wirkung erwünscht ist. Eine Menge von 0,5 kg/Tag sollte auch dann nicht überschritten werden. Weizenkleie verdirbt wegen der großen Oberfläche und Wasseraufnahmebereitschaft leicht. Ihr hoher Phosphorgehalt kann die Verwertung von Kalzium einschränken, was Darmsteinbildung zur Folge haben kann.

Leinsamen

Leinsamen enthält Schleimstoffe, die zusammen mit Wasser aufquellen und einen Schutzfilm über die Darmschleimhaut legen. Allerdings muss der Leinsamen vor dem Verfüttern etwa zehn Minuten gekocht werden, um die darin enthaltene Blausäure zu lösen. Sie können auch entsprechend vorbereitete Produkte im Handel kaufen, die Sie ohne vorheriges Kochen verfüttern können. Der hohe Fettgehalt des Leinsamens sorgt für ein schönes Fell.

Leinsamen, Angaben pro kg

verdauliche Energie	**14,51 MJ**
verdauliches Rohprotein	172,0 g
Ca/P-Quotient	0,7
Kalzium	2,46 g
Phosphor	3,64 g
Magnesium	5,10 g
Natrium	7,28 g
Kalium	5,10 g
Chlor	0,85 g
Eisen	121,0 mg
Kupfer	16,2 mg
Zink	75,5 mg
Mangan	23,7 mg
Kobalt	0,191 mg
Selen	0,0 mg
Jod	0,4 mg
β-Karotin	0,0 mg
Vitamin D	0 IE
Vitamin E	0,0 mg
Vitamin B_1	0,0 mg
Vitamin B_2	0,0 mg

Industriell hergestellte Futtermittel und Futtermittelzusätze

Im Handel wird eine Vielzahl verschiedener Futtermittel, Vitaminzusätze und Mineralstoffe angeboten. Die Allein- und Ergänzungsfuttermittel werden manchmal mit dem Argument beworben, dass die Inhaltsstoffe aufgeschlossen seien. Das heißt, dass das enthaltene Getreide thermisch aufgeschlossen ist und die Inhaltsstoffe so vom Pferd besser ausgenutzt werden können. Darüber hinaus soll bei den meisten dieser Futtermittel kein weiterer Zusatz an Mineral- oder Vitaminpräparaten nötig sein.
Wie wir bei den folgenden Beispielen gleich sehen werden, kommen wir bei artgerechter Fütterung und einer normalen Reitleistung nicht über 1 bis 2 kg Kraftfutter am Tag hinaus. Dieses Kraftfutter lässt sich leicht zu gleichen Teilen aus Hafer, Gerste und Mais mischen und ist darüber hinaus noch weitaus preisgünstiger als die industriell hergestellten Futtermittel.

Hydrothermisch aufgeschlossenes Futter

Fertige Müslimischungen sind thermisch aufgeschlossen. Sie sind vor allem für Pferde zu empfehlen, die schwere Leistungen erbringen müssen, wie zum Beispiel bei langen Distanzritten. Denn bei thermisch aufgeschlossenem Müsli wird trotz der hohen Futtermengen die Verdauung nicht so stark belastet wie bei reinem Getreide.
Unter dem hydrothermischen Prozess verstehen wir den Einfluss von Feuchtigkeit, Wärme und Druck auf das Getreidekorn. Die Nährstoffe im Getreide sind im Allgemeinen vor äußeren Einflüssen recht gut geschützt. Dies betrifft vor allem die Stärke, deren Anteil im Getreide bis zu 70 Prozent betragen

kann. Normalerweise sind die Stärkekörner durch eine lederartige Haut gegen das Eindringen von Flüssigkeiten geschützt. Durch den hydrothermischen Prozess wird diese Haut teilweise abgebaut. Dabei werden die Nährstoffe aufgeschlossen, und das Pferd kann sie besser verwerten.

Marstall Force, Angaben pro kg

verdauliche Energie	0,0 MJ
verdauliches Rohprotein	40,0 g
Ca/P-Quotient	3,3
Kalzium	163,0 g
Phosphor	49,0 g
Magnesium	15,0 g
Natrium	57,0 g
Kalium	0,0 g
Chlor	70,32 g
Eisen	1500,0 mg
Kupfer	380,0 mg
Zink	2000,0 mg
Mangan	1250,0 mg
Kobalt	13,0 mg
Selen	10,0 mg
Jod	28,0 mg
β-Karotin	2000,0 mg
Vitamin D	80000 IE
Vitamin E	6000,0 mg
Vitamin B_1	400,0 mg
Vitamin B_2	0,0 mg

Pelletierte Futtermittel

Pelletierte Futtermittel bestehen aus Futtergetreide, Grünmehlen, Sojaschrot und vielen anderen Zusätzen. Diese unterschiedlichen Futterbestandteile werden zerkleinert, gemischt und unter Hitzeeinwirkung zu Pellets gepresst. Die zugesetzten Mineral- und Vitaminmengen bei den industriell hergestellten Futtermitteln reichen jedoch nur aus, wenn am Tag mehrere Kilogramm gefüttert werden.

Auch bei einer natürlichen Pferdefütterung werden Sie ein passendes Mineralfutter zusetzen müssen. In der Tabelle oben sehen Sie ein Beispiel, das vor allem zu Rationen passt, die aus viel Raufutter und geringen Gaben Kraftfutter bestehen.

Futterbedarf des Pferdes

Heutzutage kann man sich kaum noch retten vor der Flut der verschiedenen industriell hergestellten Futtermittelmischungen, den unterschiedlichen Mineralstoffgemischen und vielen anderen Zusatzmittelchen, die in verführerischen Hochglanzprospekten angeboten werden. Es gibt jede Menge Spezialfuttermittel für die unterschiedlichen Pferde- und Ponyrassen, ja selbst für unterschiedliche Reitweisen. Wie soll der Pferdebesitzer aus dieser unüberschaubaren Angebotspalette seine Wahl treffen? Hier erfahren Sie, wie Sie den Nährstoffbedarf Ihres Pferdes berechnen können. Die Menge der täglich benötigten Nährstoffe wird in erster Linie vom Gewicht des Pferdes und von dessen Leistung bestimmt.

Paint Horses: Stockmaß 160 cm, ca. 550 kg (links); Stockmaß 155 cm, ca. 470 kg (rechts).

Gewichtsbestimmung eines Pferdes

Das Körpergewicht eines Pferdes lässt sich folgendermaßen relativ genau bestimmen. Ermitteln Sie den Abstand zwischen dem Buggelenk- und dem Sitzbeinhöcker sowie den Brustumfang hinter Widerrist und Ellbogenhöcker. Mit folgender Formel können Sie das aktuelle Körpergewicht des Pferdes bestimmen:

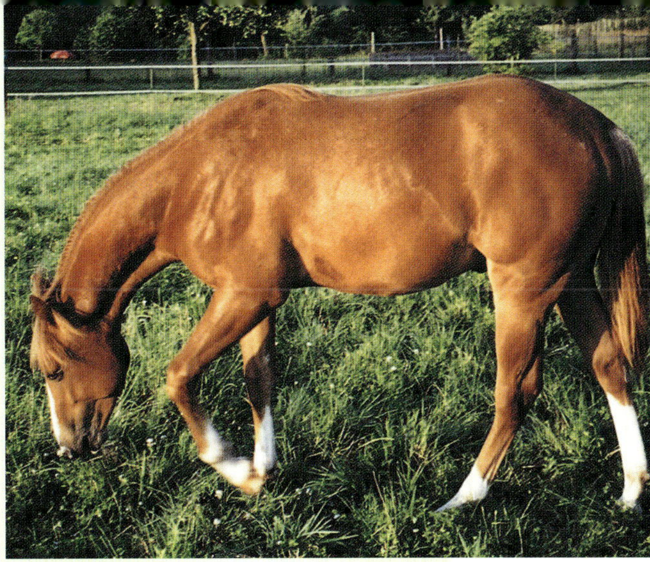

Quarter Horse: Stockmaß 145 cm, ca. 430 kg.

$$\text{Körpergewicht (kg)} = \frac{\text{Brustumfang (cm)} \times \text{Brustumfang (cm)} \times \text{Körperlänge (cm)}}{11\,900}$$

Besitzen Sie einen Pferdehänger, können Sie zuerst mit dem leeren Hänger, später dann mit dem Pferd im Hänger auf eine entsprechende landwirtschaftliche Waage fahren. Beachten Sie in jedem Fall, in welchem Futterzustand das Pferd sich befindet: Die Rippen eines Pferdes sollten nicht zu sehen sein, aber man darf sie auch nicht erst nach ausgiebigem Bohren mit dem Finger finden. Sie sollten durchaus noch gut tastbar sein. Je nach Futterzustand müssen Sie die normale Ration nach oben oder nach unten anpassen.

Erhaltungsbedarf

Unter Erhaltungsbedarf versteht man die Futtermenge, die das Pferd bei normalem Wetter ohne zusätzliche Bewegung braucht, um sein normales Gewicht halten zu können.

Kleinpferd: Stockmaß 149 cm, ca. 440 kg.

Bei der Rationsberechnung spielen Gewicht, Rasse und Leistung, Alter, Art der Haltung, Jahreszeit und allgemeiner Gesundheitszustand des Pferdes eine Rolle. Ein besonderer Faktor ist die Art der Haltung, denn ein Pferd, das in einem Laufstall gehalten wird, verbraucht wegen der größeren Bewegungsmöglichkeit mehr Energie als ein Pferd, das in einer Box gehalten wird. Im Laufstall muss der Erhaltungsbedarf mehr an die Jahreszeiten angepasst werden, da das Pferd bei niedrigen Temperaturen im Winter mehr Energie verbraucht als im Sommer. Mit der richtigen Ration für den Erhaltungsbedarf bleibt das Pferd in einem gleichmäßigen, guten Futterzustand. Dies gilt nur, solange es nicht belastet wird, also nicht geritten wird, nicht trächtig und nicht krank ist. Wird das Pferd geritten, sollten Sie zusätzlich zum Erhaltungsbedarf den entsprechenden Leistungsbedarf füttern.

Leistungsbedarf

Der Leistungsbedarf entspricht der Futtermenge, die das Pferd verbraucht, wenn es etwas Zusätzliches leistet, wenn es also beispielsweise geritten wird. Als Leistung bezeichnet man alles, was über die reine Erhaltung hinausgeht. Man versteht darunter nicht nur die reine Arbeitsleistung. Auch im Wachstum stehende Fohlen und Jungtiere, tragende oder säugende Stuten oder im Deckeinsatz stehende Hengste haben einen Leistungsbedarf. Die verschiedenen Leistungen benötigen zum Teil erheblich voneinander abweichende Energiemengen.

Den Leistungsbedarf richtig einschätzen

Wird ein Pferd geritten, überschätzen viele Reiter seinen zusätzlichen Bedarf. Reitet man beispielsweise eine Stunde gemütlich ins Gelände oder übt eine leichte Arbeit in der Bahn aus, so ist dies immer noch eine leichte Arbeit. Trainieren dagegen Profis mit ihren Pferden, kann man dies als schwere Arbeit bezeichnen. Auch ausgedehnte Wanderritte verlangen dem Pferd viel ab. Extreme Arbeit finden wir im Hochleistungssport, beispielsweise bei Galopprennen.

Beachte:

Eine leistungsgerechte Fütterung berücksichtigt neben dem Erhaltungsbedarf auch den Leistungsbedarf eines Pferdes. Nur so bleibt die Gesundheit der Pferde erhalten.

Der Leistungsbedarf wird zusätzlich zum Erhaltungsbedarf gefüttert. Prinzipiell kann man den Leistungsbedarf sowohl in Form von Raufutter als auch in Form von Kraftfutter verabreichen. Füttert man allerdings schon beim Erhaltungsbedarf genügend Raufutter, wird man den Leistungsbedarf meist mit Kraftfutter ausgleichen.

Auf einen Blick

Rationsvorschläge

Bei allen Rationsvorschlägen ist zu beachten, dass immer mit dem Auge gefüttert werden muss. Jeder Naturstoff, egal ob Getreide oder Heu und Gras, unterliegt gewissen Schwankungen bezüglich seiner Inhaltsstoffe, die von vielerlei Faktoren abhängen. Will man die genauen Inhaltsstoffe des eigenen Futtermittels wissen, so muss man eine entsprechende Probe hiervon untersuchen lassen. Eine andere Möglichkeit besteht darin, die DLG-Futterwerttabellen heranzuziehen, wie wir es bei diesen Rationsberechnungen getan haben. Sie sind als Beispiele und Anregungen zu verstehen. Sie sollen Sie dabei unterstützen, Ihr Gefühl für die richtige Futtergestaltung zu entwickeln. Es gibt unter den Pferden gute und schlechte Futterverwerter, dies kann auch innerhalb einer Rasse sehr stark variieren.

Beachte:

Kontrollieren Sie das Gewicht Ihres Pferde mit der auf Seite 47 vorgestellten Messmethode einmal über längere Zeit und passen Sie die Ration gegebenenfalls an das Messergebnis an.

Bei den Rationsvorschlägen habe ich eine leichte Arbeit des Pferdes vorausgesetzt, weil dies auch der Realität bei der Freizeitreiterei entspricht. Wenn man zum Beispiel an den Wochenenden ab und zu einen längeren Ritt einlegt, dafür aber während der Woche nicht jeden Tag reitet, tut man sich leichter, jeden Tag das Futter für leichte Arbeit zu verabreichen. Prinzipiell sind wir beim Energiegehalt von einer artgerechten Haltung ausgegangen, bei reiner Boxenhaltung wird der Energiegehalt sicher etwas niedriger liegen.

Bei der Winterfütterung haben wir keine Energiekorrektur vorgenommen. Bleibt es längere Zeit sehr kalt, zum Beispiel unter 0 Grad Celsius, und wird

das Pferd nicht geritten, kann der Bedarf für leichte Arbeit Verwendung finden. Wird das Pferd aber zusätzlich auch geritten, kann das Krippenfutter erhöht werden.

Die entsprechenden Abweichungen bei den Rationen liegen alle innerhalb des Toleranzbereiches. Das fehlende NaCl (Kochsalz) kann mit einem frei zur Verfügung stehenden Salzstein ausgeglichen werden.

Warmblüter

Rationsvorschläge für einen ca. 650 kg schweren Warmblüter, Stockmaß ca. 175 cm.

Erhaltungsbedarf
Futtermittel in kg/Tag

Wiesenheu, grasreich, 1. Schnitt, Beginn bis Mitte der Blüte	5,800
Gerste, Körner, geschrotet	0,500
Hafer, Körner	0,500
Mais, Körner, gebrochen	0,500
Haferstroh	2,000
Mineralfutter (Marstall Force)	0,160

Inhaltsstoffe	Bedarf	Angebot
verdauliche Energie	77,2 MJ	77,8 MJ
verdauliches Rohprotein	386,2 g	494,5 g
Ca/P-Quotient	1,7	2,3
Kalzium	32,5 g	65,7 g
Phosphor	19,5 g	28,4 g
Magnesium	13,0 g	15,9 g
Natrium	13,0 g	17,3 g
Kalium	32,5 g	156,4 g
Chlor	52,0 g	66,2 g
Eisen	1040,0 mg	1620,8 mg
Kupfer	130,0 mg	111,4 mg
Zink	650,0 mg	637,4 mg
Mangan	520,0 mg	911,1 mg
Kobalt	1,3 mg	2,9 mg
Selen	2,6 mg	2,2 mg
Jod	2,0 mg	6,7 mg
β-Karotin	121,9 mg	352,9 mg
Vitamin D	3250,0 IE	15700,0 IE
Vitamin E	1300,0 mg	1083,7 mg
Vitamin B_1	39,0 mg	89,3 mg
Vitamin B_2	32,5 mg	77,7 mg

Die entsprechenden Abweichungen liegen alle innerhalb des Toleranzbereiches.

Leichte Arbeit
Futtermittel in kg/Tag

Wiesenheu, grasreich, 1. Schnitt, Beginn bis Mitte der Blüte	6,000
Gerste, Körner, geschrotet	0,600
Hafer, Körner	0,700
Mais, Körner, gebrochen	0,700
Haferstroh	2,000
Mineralfutter (Marstall Force)	0,160

Inhaltsstoffe	Bedarf	Angebot
verdauliche Energie	85,0 MJ	86,0 MJ
verdauliches Rohprotein	424,8 g	547,1 g
Ca/P Quotient	1,7	2,2
Kalzium	33,8 g	67,1 g
Phosphor	19,5 g	30,4 g
Magnesium	13,6 g	16,8 g
Natrium	29,9 g	17,6 g
Kalium	42,2 g	162,1 g
Chlor	78,7 g	68,0 g
Eisen	1053,0 mg	1676,0 mg
Kupfer	130,8 mg	114,5 mg
Zink	678,6 mg	655,9 mg
Mangan	520,0 mg	940,6 mg
Kobalt	1,3 mg	3,0 mg
Selen	2,8 mg	2,3 mg
Jod	2,0 mg	6,9 mg
β-Karotin	121,9 mg	355,1 mg
Vitamin D	3250,0 IE	15800,0 IE
Vitamin E	1300,0 mg	1090,2 mg
Vitamin B_1	39,0 mg	92,2 mg
Vitamin B_2	32,5 mg	80,2 mg

Die entsprechenden Abweichungen liegen alle innerhalb des Toleranzbereiches.

Sommer – Erhaltungsbedarf 1. Aufwuchs Futtermittel in kg/Tag

Weide (Extensivweide), 1. Aufwuchs, Beginn bis Mitte der Blüte	13,000
Gerste, Körner, geschrotet	0,600
Hafer, Körner	0,700
Mais, Körner, gebrochen	0,700
Haferstroh	4,000
Mineralfutter (Marstall Force)	0,170

Inhaltsstoffe	Bedarf	Angebot
verdauliche Energie	77,2 MJ	77,6 MJ
verdauliches Rohprotein	386,2 g	434,5 g
Ca/P-Quotient	1,7	3,0
Kalzium	32,5 g	75,0 g
Phosphor	19,5 g	25,1 g
Magnesium	13,0 g	14,5 g
Natrium	13,0 g	18,3 g
Kalium	32,5 g	131,1 g
Chlor	52,0 g	52,4 g
Eisen	1040,0 mg	1555,5 mg
Kupfer	130,0 mg	120,9 mg
Zink	650,0 mg	670,7 mg
Mangan	520,0 mg	538,6 mg
Kobalt	1,3 mg	3,0 mg
Selen	2,6 mg	2,0 mg
Jod	2,0 mg	6,3 mg
β-Karotin	121,9 mg	995,1 mg
Vitamin D	3250,0 IE	13990,0 IE
Vitamin E	1300,0 mg	1095,2 mg
Vitamin B_1	39,0 mg	116,3 mg
Vitamin B_2	32,5 mg	70,1 mg

Die entsprechenden Abweichungen liegen alle innerhalb des Toleranzbereiches.

Sommer – leichte Arbeit Futtermittel in kg/Tag

Weide (Extensivweide), 1. Aufwuchs, Beginn bis Mitte der Blüte	15,200
Gerste, Körner, geschrotet	0,700
Hafer, Körner	0,800
Mais, Körner, gebrochen	0,800
Haferstroh	3,800
Mineralfutter (Marstall Force)	0,190

Inhaltsstoffe	Bedarf	Angebot
verdauliche Energie	85,0 MJ	85,4 MJ
verdauliches Rohprotein	424,8 g	495,9 g
Ca/P-Quotient	1,7	3,0
Kalzium	33,8 g	83,1 g
Phosphor	19,5 g	27,7 g
Magnesium	13,6 g	15,9 g
Natrium	29,9 g	19,2 g
Kalium	42,2 g	137,3 g
Chlor	78,7 g	53,9 g
Eisen	1053,0 mg	1663,0 mg
Kupfer	130,8 mg	132,6 mg
Zink	678,6 mg	704,5 mg
Mangan	520,0 mg	555,3 mg
Kobalt	1,3 mg	3,3 mg
Selen	2,8 mg	2,2 mg
Jod	2,0 mg	6,9 mg
β-Karotin	121,9 mg	1145,8 mg
Vitamin D	3250,0 IE	15656,0 IE
Vitamin E	1300,0 mg	1227,7 mg
Vitamin B_1	39,0 mg	129,6 mg
Vitamin B_2	32,5 mg	74,3 mg

Die entsprechenden Abweichungen liegen alle innerhalb des Toleranzbereiches.

Winter – Erhaltungsbedarf
Futtermittel in kg/Tag

Wiesenheu, grasreich, 1. Schnitt, Beginn bis Mitte der Blüte	5,400
Gerste, Körner, geschrotet	0,500
Hafer, Körner	0,500
Mais, Körner, gebrochen	0,500
Haferstroh	2,000
Mineralfutter (Marstall Force)	0,160
Möhre, gelb	2,000

Inhaltsstoffe	Bedarf	Angebot
verdauliche Energie	77,2 MJ	78,2 MJ
verdauliches Rohprotein	386,2 g	488,9 g
Ca/P-Quotient	1,7	2,3
Kalzium	32,5 g	64,5 g
Phosphor	19,5 g	28,2 g
Magnesium	13,0 g	15,6 g
Natrium	13,0 g	17,7 g
Kalium	32,5 g	155,1 g
Chlor	52,0 g	65,8 g
Eisen	1040,0 mg	1566,2 mg
Kupfer	130,0 mg	110,7 mg
Zink	650,0 mg	635,7 mg
Mangan	520,0 mg	879,4 mg
Kobalt	1,3 mg	2,9 mg
Selen	2,6 mg	2,2 mg
Jod	2,0 mg	6,7 mg
β-Karotin	121,9 mg	390,9 mg
Vitamin D	3250,0 IE	15 500,0 IE
Vitamin E	1300,0 mg	1075,7 mg
Vitamin B_1	39,0 mg	88,5 mg
Vitamin B_2	32,5 mg	73,5 mg

Die entsprechenden Abweichungen liegen alle innerhalb des Toleranzbereiches.

Winter – leichte Arbeit
Futtermittel in kg/Tag

Wiesenheu, grasreich, 1. Schnitt, Beginn bis Mitte der Blüte	6,000
Gerste, Körner, geschrotet	0,500
Hafer, Körner	0,600
Mais, Körner, gebrochen	0,600
Haferstroh	2,000
Mineralfutter (Marstall Force)	0,160
Möhre, gelb	2,000

Inhaltsstoffe	Bedarf	Angebot
verdauliche Energie	85,0 MJ	85,6 MJ
verdauliches Rohprotein	424,8 g	539,9 g
Ca/P-Quotient	1,7	2,2
Kalzium	33,8 g	67,9 g
Phosphor	19,5 g	30,2 g
Magnesium	13,6 g	16,9 g
Natrium	29,9 g	18,1 g
Kalium	42,2 g	167,7 g
Chlor	78,7 g	69,9 g
Eisen	1053,0 mg	1678,0 mg
Kupfer	130,8 mg	114,7 mg
Zink	678,6 mg	656,0 mg
Mangan	520,0 mg	940,2 mg
Kobalt	1,3 mg	3,0 mg
Selen	2,8 mg	2,3 mg
Jod	2,0 mg	6,9 mg
β-Karotin	121,9 mg	394,3 mg
Vitamin D	3250,0 IE	15 800,0 IE
Vitamin E	1300,0 mg	1088,6 mg
Vitamin B_1	39,0 mg	90,7 mg
Vitamin B_2	32,5 mg	79,8 mg

Die entsprechenden Abweichungen liegen alle innerhalb des Toleranzbereiches.

Kleinpferd/Westernpferd

Rationsvorschläge für ein leichtfuttriges Klein- oder Westernpferd, ca. 450 kg schwer, Stockmaß 150 cm.

Erhaltungsbedarf
Futtermittel in kg/Tag

Wiesenheu, grasreich, 1. Schnitt, Beginn bis Mitte der Blüte	3,700
Gerste, Körner, geschrotet	0,300
Hafer, Körner	0,300
Mais, Körner, gebrochen	0,300
Haferstroh	2,000
Mineralfutter (Marstall Force)	0,110

Inhaltsstoffe	Bedarf	Angebot
verdauliche Energie	52,8 MJ	52,9 MJ
verdauliches Rohprotein	263,8 g	318,2 g
Ca/P-Quotient	1,7	2,4
Kalzium	22,5 g	45,7 g
Phosphor	13,5 g	19,2 g
Magnesium	9,0 g	10,9 g
Natrium	9,0 g	12,9 g
Kalium	22,5 g	112,6 g
Chlor	36,0 g	48,2 g
Eisen	720,0 mg	1160,0 mg
Kupfer	90,0 mg	78,2 mg
Zink	450,0 mg	471,5 mg
Mangan	360,0 mg	641,7 mg
Kobalt	0,9 mg	2,0 mg
Selen	1,8 mg	1,5 mg
Jod	1,4 mg	4,7 mg
β-Karotin	84,4 mg	240,8 mg
Vitamin D	2250,0 IE	10650,0 IE
Vitamin E	900,0 mg	738,6 mg
Vitamin B_1	27,0 mg	62,0 mg
Vitamin B_2	22,5 mg	55,7 mg

Die entsprechenden Abweichungen liegen alle innerhalb des Toleranzbereiches.

Leichte Arbeit
Futtermittel in kg/Tag

Wiesenheu, grasreich, 1. Schnitt, Beginn bis Mitte der Blüte	4,500
Gerste, Körner, geschrotet	0,300
Hafer, Körner	0,300
Mais, Körner, gebrochen	0,300
Haferstroh	2,000
Mineralfutter (Marstall Force)	0,110

Inhaltsstoffe	Bedarf	Angebot
verdauliche Energie	58,0 MJ	59,3 MJ
verdauliches Rohprotein	290,2 g	365,4 g
Ca/P-Quotient	1,7	2,4
Kalzium	23,4 g	50,0 g
Phosphor	13,5 g	21,0 g
Magnesium	9,5 g	12,3 g
Natrium	20,7 g	13,4 g
Kalium	29,3 g	128,5 g
Chlor	54,5 g	53,5 g
Eisen	729,0 mg	1297,6 mg
Kupfer	90,5 mg	82,6 mg
Zink	469,8 mg	490,8 mg
Mangan	360,0 mg	716,0 mg
Kobalt	0,9 mg	2,1 mg
Selen	2,0 mg	1,6 mg
Jod	1,4 mg	4,9 mg
β-Karotin	84,4 mg	244,8 mg
Vitamin D	2250,0 IE	11050,0 IE
Vitamin E	900,0 mg	754,6 mg
Vitamin B_1	27,0 mg	63,6 mg
Vitamin B_2	22,5 mg	63,7 mg

Die entsprechenden Abweichungen liegen alle innerhalb des Toleranzbereiches.

Sommer – Erhaltungsbedarf 1. Aufwuchs Futtermittel in kg/Tag

Weide (Extensivweide), 1. Aufwuchs, Beginn bis Mitte der Blüte	9,000
Gerste, Körner, geschrotet	0,500
Hafer, Körner	0,500
Mais, Körner	0,500
Haferstroh	2,000
Mineralfutter (Marstall Force)	0,120

Inhaltsstoffe	Bedarf	Angebot
verdauliche Energie	52,8 MJ	52,8 MJ
verdauliches Rohprotein	263,8 g	306,7 g
Ca/P-Quotient	1,7	2,9
Kalzium	22,5 g	50,7 g
Phosphor	13,5 g	17,3 g
Magnesium	9,0 g	9,7 g
Natrium	9,0 g	11,9 g
Kalium	22,5 g	82,7 g
Chlor	36,0 g	33,0 g
Eisen	720,0 mg	1009,4 mg
Kupfer	90,0 mg	82,3 mg
Zink	450,0 mg	438,7 mg
Mangan	360,0 mg	343,8 mg
Kobalt	0,9 mg	2,1 mg
Selen	1,8 mg	1,4 mg
Jod	1,4 mg	4,3 mg
β-Karotin	84,4 mg	693,9 mg
Vitamin D	2250,0 IE	9870,0 IE
Vitamin E	900,0 mg	772,7 mg
Vitamin B_1	27,0 mg	80,6 mg
Vitamin B_2	22,5 mg	44,6 mg

Die entsprechenden Abweichungen liegen alle innerhalb des Toleranzbereiches.

Sommer – leichte Arbeit Futtermittel in kg/Tag

Weide (Extensivweide), 1. Aufwuchs, Beginn bis Mitte der Blüte	10,000
Gerste, Körner, geschrotet	0,500
Hafer, Körner	0,500
Mais, Körner	0,500
Haferstroh	3,000
Mineralfutter (Marstall Force)	0,120

Inhaltsstoffe	Bedarf	Angebot
verdauliche Energie	58,0 MJ	58,9 MJ
verdauliches Rohprotein	290,2 g	330,7 g
Ca/P-Quotient	1,7	3,0
Kalzium	23,4 g	55,6 g
Phosphor	13,5 g	18,6 g
Magnesium	9,5 g	10,9 g
Natrium	20,7 g	13,3 g
Kalium	29,3 g	99,3 g
Chlor	54,5 g	38,9 g
Eisen	729,0 mg	1166,2 mg
Kupfer	90,5 mg	88,4 mg
Zink	469,8 mg	487,4 mg
Mangan	360,0 mg	393,8 mg
Kobalt	0,9 mg	2,1 mg
Selen	2,0 mg	1,4 mg
Jod	1,4 mg	4,5 mg
β-Karotin	84,4 mg	743,9 mg
Vitamin D	2250,0 IE	9900,0 IE
Vitamin E	900,0 mg	777,7 mg
Vitamin B_1	27,0 mg	84,7 mg
Vitamin B_2	22,5 mg	53,2 mg

Die entsprechenden Abweichungen liegen alle innerhalb des Toleranzbereiches.

Liebe Leserin, lieber Leser,

wir freuen uns, dass Sie eines unserer Bücher besitzen. Ihre Meinung darüber ist für unsere Verlagsarbeit sehr wichtig. Bitte schreiben Sie uns, wie es Ihnen gefällt. Vielen Dank für Ihre Mithilfe!

■ *Autor und Titel des BLV Buches, dem Sie diese Karte entnommen haben:*

____

Autor Titel

■ *Wie sind Sie auf dieses Buch aufmerksam geworden?*

❑ Zeitschrift. Titel: ______________________________

❑ Buchhandel ❑ Warenhaus ❑ Versandhandel ❑ geschenkt bekommen

■ *Wie gefällt Ihnen dieses Buch? Wie beurteilen Sie folgende Punkte?*

Inhalt (Text/Abbildungen):	❑ sehr gut	❑ gut	❑ gar nicht
Preis-/Leistungsverhältnis:	❑ sehr gut	❑ weniger	❑ zu teuer

■ *Ihre Meinung über dieses Buch:* ______________________

____

____

____

____

____

Die Titel des BLV Programms erhalten Sie überall, wo es Bücher gibt. Wünschen Sie weitere Informationen, beachten Sie bitte die Rückseite dieser Postkarte.

Mit freundlichen Grüßen

Ihre
BLV Verlagsgesellschaft mbH

blv

Winter – Erhaltungsbedarf 1. Aufwuchs Futtermittel in kg/Tag

Wiesenheu, grasreich, 1. Schnitt, Beginn bis Mitte der Blüte	3,200
Gerste, Körner, geschrotet	0,300
Hafer, Körner	0,300
Mais, Körner, gebrochen	0,300
Haferstroh	2,000
Mineralfutter (Marstall Force)	0,110
Möhre, gelb	2,000

Inhaltsstoffe	Bedarf	Angebot
verdauliche Energie	52,8 MJ	52,5 MJ
verdauliches Rohprotein	263,8 g	306,7 g
Ca/P-Quotient	1,7	2,3
Kalzium	22,5 g	44,0 g
Phosphor	13,5 g	18,8 g
Magnesium	9,0 g	10,5 g
Natrium	9,0 g	13,2 g
Kalium	22,5 g	109,4 g
Chlor	36,0 g	47,2 g
Eisen	720,0 mg	1088,2 mg
Kupfer	90,0 mg	77,2 mg
Zink	450,0 mg	467,3 mg
Mangan	360,0 mg	600,7 mg
Kobalt	0,9 mg	2,0 mg
Selen	1,8 mg	1,5 mg
Jod	1,4 mg	4,7 mg
β-Karotin	84,4 mg	278,3 mg
Vitamin D	2250,0 IE	10400,0 IE
Vitamin E	900,0 mg	728,6 mg
Vitamin B_1	27,0 mg	61,0 mg
Vitamin B_2	22,5 mg	50,7 mg

Die entsprechenden Abweichungen liegen alle innerhalb des Toleranzbereiches.

Winter – leichte Arbeit Futtermittel in kg/Tag

Wiesenheu, grasreich, 1. Schnitt, Beginn bis Mitte der Blüte	4,000
Gerste, Körner, geschrotet	0,300
Hafer, Körner	0,300
Mais, Körner, gebrochen	0,300
Haferstroh	2,000
Mineralfutter (Marstall Force)	0,110
Möhre, gelb	2,000

Inhaltsstoffe	Bedarf	Angebot
verdauliche Energie	58,0 MJ	58,9 MJ
verdauliches Rohprotein	290,2 g	353,9 g
Ca/P-Quotient	1,7	2,3
Kalzium	23,4 g	48,3 g
Phosphor	13,5 g	20,6 g
Magnesium	9,5 g	11,8 g
Natrium	20,7 g	13,7 g
Kalium	29,3 g	125,2 g
Chlor	54,5 g	52,4 g
Eisen	729,0 mg	1225,8 mg
Kupfer	90,5 mg	81,4 mg
Zink	469,8 mg	486,6 mg
Mangan	360,0 mg	675,0 mg
Kobalt	0,9 mg	2,1 mg
Selen	2,0 mg	1,5 mg
Jod	1,4 mg	4,8 mg
β-Karotin	84,4 mg	282,3 mg
Vitamin D	2250,0 IE	10800,0 IE
Vitamin E	900,0 mg	744,6 mg
Vitamin B_1	27,0 mg	62,6 mg
Vitamin B_2	22,5 mg	58,7 mg

Die entsprechenden Abweichungen liegen alle innerhalb des Toleranzbereiches.

Pony klein, 160 kg, Stockmaß 110 cm, Seite 61.
Pony groß, 220 kg, Stockmaß 120 cm, Seite 62.

Pony, klein
Erhaltungsbedarf
Futtermittel in kg/Tag

Wiesenheu, grasreich, 1. Schnitt, Beginn bis Mitte der Blüte	1,800
Gerste, Körner, geschrotet	0,000
Hafer, Körner	0,000
Mais, Körner, gebrochen	0,000
Haferstroh	1,800
Mineralfutter (Marstall Force)	0,030

Inhaltsstoffe	Bedarf	Angebot
verdauliche Energie	24,3 MJ	24,4 MJ
verdauliches Rohprotein	121,5 g	125,4 g
Ca/P-Quotient	1,7	2,7
Kalzium	8,0 g	21,0 g
Phosphor	4,8 g	7,8 g
Magnesium	3,2 g	5,2 g
Natrium	3,2 g	6,4 g
Kalium	8,0 g	68,1 g
Chlor	12,8 g	27,7 g
Eisen	256,0 mg	644,1 mg
Kupfer	32,0 mg	32,3 mg
Zink	160,0 mg	228,7 mg
Mangan	128,0 mg	333,2 mg
Kobalt	0,3 mg	0,7 mg
Selen	0,6 mg	0,4 mg
Jod	0,5 mg	1,8 mg
β-Karotin	30,0 mg	69,9 mg
Vitamin D	800,0 IE	3300,0 IE
Vitamin E	320,0 mg	216,0 mg
Vitamin B_1	9,6 mg	21,0 mg
Vitamin B_2	8,0 mg	33,6 mg

Die entsprechenden Abweichungen liegen alle innerhalb des Toleranzbereiches.

Pony, klein
Winter – Erhaltungsbedarf
Futtermittel in kg/Tag

Wiesenheu, grasreich, 1. Schnitt, Beginn bis Mitte der Blüte	1,700
Gerste, Körner, geschrotet	0,000
Hafer, Körner	0,000
Mais, Körner, gebrochen	0,000
Haferstroh	1,600
Mineralfutter (Marstall Force)	0,030
Möhre, gelb	1,000

Inhaltsstoffe	Bedarf	Angebot
verdauliche Energie	24,3 MJ	24,3 MJ
verdauliches Rohprotein	121,5 g	126,5 g
Ca/P-Quotient	1,7	2,6
Kalzium	8,0 g	20,3 g
Phosphor	4,8 g	7,7 g
Magnesium	3,2 g	5,1 g
Natrium	3,2 g	6,2 g
Kalium	8,0 g	65,9 g
Chlor	12,8 g	26,6 g
Eisen	256,0 mg	601,9 mg
Kupfer	32,0 mg	31,3 mg
Zink	160,0 mg	216,3 mg
Mangan	128,0 mg	312,3 mg
Kobalt	0,3 mg	0,7 mg
Selen	0,6 mg	0,4 mg
Jod	0,5 mg	1,7 mg
β-Karotin	30,0 mg	88,5 mg
Vitamin D	800,0 IE	3250,0 IE
Vitamin E	320,0 mg	214,0 mg
Vitamin B_1	9,6 mg	20,2 mg
Vitamin B_2	8,0 mg	30,9 mg

Die entsprechenden Abweichungen liegen alle innerhalb des Toleranzbereiches.

Pony, groß, Erhaltungsbedarf Futtermittel in kg/Tag

Wiesenheu, grasreich, 1. Schnitt, Beginn bis Mitte der Blüte	2,600
Gerste, Körner, geschrotet	0,000
Hafer, Körner	0,000
Mais, Körner, gebrochen	0,000
Haferstroh	1,800
Mineralfutter (Marstall Force)	0,050

Inhaltsstoffe	Bedarf	Angebot
verdauliche Energie	30,8 MJ	30,7 MJ
verdauliches Rohprotein	154,2 g	173,4 g
Ca/P-Quotient	1,7	2,7
Kalzium	11,0 g	28,6 g
Phosphor	6,6 g	10,6 g
Magnesium	4,4 g	6,9 g
Natrium	4,4 g	8,0 g
Kalium	11,0 g	83,9 g
Chlor	17,6 g	34,4 g
Eisen	352,0 mg	811,7 mg
Kupfer	44,0 mg	44,3 mg
Zink	220,0 mg	288,0 mg
Mangan	176,0 mg	432,5 mg
Kobalt	0,4 mg	1,0 mg
Selen	0,9 mg	0,7 mg
Jod	0,7	2,5 mg
β-Karotin	41,3 mg	113,0 mg
Vitamin D	1100,0 IE	5300,0 IE
Vitamin E	440,0 mg	352,0 mg
Vitamin B_1	13,2 mg	30,6 mg
Vitamin B_2	11,0 mg	41,6 mg

Die entsprechenden Abweichungen liegen alle innerhalb des Toleranzbereiches.

Pony, groß, Sommer – Erhaltungsbedarf, 1. Aufwuchs Futtermittel in kg/Tag

Weide (Extensivweide), 1. Aufwuchs, Beginn bis Mitte der Blüte	4,000
Gerste, Körner, geschrotet	0,200
Hafer, Körner	0,200
Mais, Körner	0,200
Haferstroh	2,500
Mineralfutter (Marstall Force)	0,050

Inhaltsstoffe	Bedarf	Angebot
verdauliche Energie	30,8 MJ	30,8 MJ
verdauliches Rohprotein	154,2 g	145,4 g
Ca/P-Quotient	1,7	3,0
Kalzium	11,0 g	27,2 g
Phosphor	6,6 g	9,1 g
Magnesium	4,4 g	5,6 g
Natrium	4,4 g	8,0 g
Kalium	11,0 g	63,2 g
Chlor	17,6 g	25,6 g
Eisen	352,0 mg	678,5 mg
Kupfer	44,0 mg	44,1 mg
Zink	220,0 mg	289,5 mg
Mangan	176,0 mg	252,8 mg
Kobalt	0,4 mg	0,9 mg
Selen	0,9 mg	0,6 mg
Jod	0,7	2,2 mg
β-Karotin	41,3 mg	301,6 mg
Vitamin D	1100,0 IE	4120,0 IE
Vitamin E	440,0 mg	323,1 mg
Vitamin B_1	13,2 mg	38,6 mg
Vitamin B_2	11,0 mg	32,6 mg

Die entsprechenden Abweichungen liegen alle innerhalb des Toleranzbereiches.

Getreide pur, Kraftfutter-Pellets oder Müslimischung?

	Getreide	Kraftfutter-Pellets	Müslimischung
Vorteile	• günstiger Preis • Hafer: gute Verdaulichkeit • Qualität gut erkennbar • lange Lagerfähigkeit	• bei guten Rohstoffen: ausgewogene Zusammensetzung; Ergänzung weniger wichtig • Energiegehalt variabel • gleich bleibende Qualität ohne natürliche Schwankungen	• vereinigt die Vorteile von Getreide und Kraftfutter-Pellets • ausgesprochen hohe Futterakzeptanz
Nachteile	• Ergänzung (Vitamine, Mineralien) erforderlich • vor allem: zu viel Phosphor, zu wenig Kalzium • Energie- und Eiweißgehalt kaum variabel	• bei billigen Rohstoffen: ernsthafte Verdauungsstörungen und Risiko von Schlundverstopfung • gute Qualität mittel- bis hochpreisig	• gute Qualität zumeist hochpreisig • geringfügig höheres Risiko für Futterverderb • teilweise mit Konservierungsstoffen

Die Deutsche Bibliothek –
CIP-Einheitsaufnahme

Ein Titeldatensatz für diese Publikation ist bei Der Deutschen Bibliothek erhältlich

Bildnachweis
Erwin Escher: Seiten 6, 7, 11, 22, 56
Lothar Lenz: Seiten 9, 11, 51, 60, 63
Christine Slawik: Seiten 1, 2/3, 42, 43, 52
Silvia Hofmann: Seiten 8, 12, 14, 17, 19, 23, 25, 26, 27, 30, 31, 33, 34, 36, 38, 40, 41, 46, 47, 48
Illustrationen: Susanne Retsch-Amschler
Umschlagfotos: Titelfotos: rechts oben: Lothar Lenz
Mitte oben: Erwin Escher
links oben: Erwin Escher
unten: Irene Hohe
Rückseite: alle Ramona Dünisch

Umschlaggestaltung: Studio Schübel, München
Layout: Parzhuber & Partner, München
Redaktion: Renate Hausdorf
Satz und Herstellung: Renate Hausdorf
Lektorat: Claudia Daiber

BLV Verlagsgesellschaft mbH München Wien Zürich
80797 München

Gesamtherstellung: Appl, Wemding

Printed in Germany · ISBN 3-405-15886-9

Die Angaben der Inhaltsstoffe in den Tabellen dieses Buches sind den DLG-Futterwerttabellen entnommen.